JUSTIN BIEBER
SHEET MUSIC COLLECTION

2 All Around the World

9 As Long as You Love Me

16 Baby

24 Beauty and a Beat

31 Boyfriend

43 Despacito

38 Friends

54 Love Yourself

60 Never Say Never

77 One Less Lonely Girl

68 One Time

93 Purpose

86 Somebody to Love

100 Sorry

110 2U

115 U Smile

122 What Do You Mean?

ISBN 978-1-5400-0401-7

7777 W. Bluemound Rd. P.O. Box 13819 Milwaukee, WI 53213

Visit Hal Leonard Online at
www.halleonard.com

ALL AROUND THE WORLD

Words and Music by JUSTIN BIEBER,
NASRI ATWEH, CHRISTOPHER BRIDGES,
ADAM MESSINGER and NOLAN LAMBROZZA

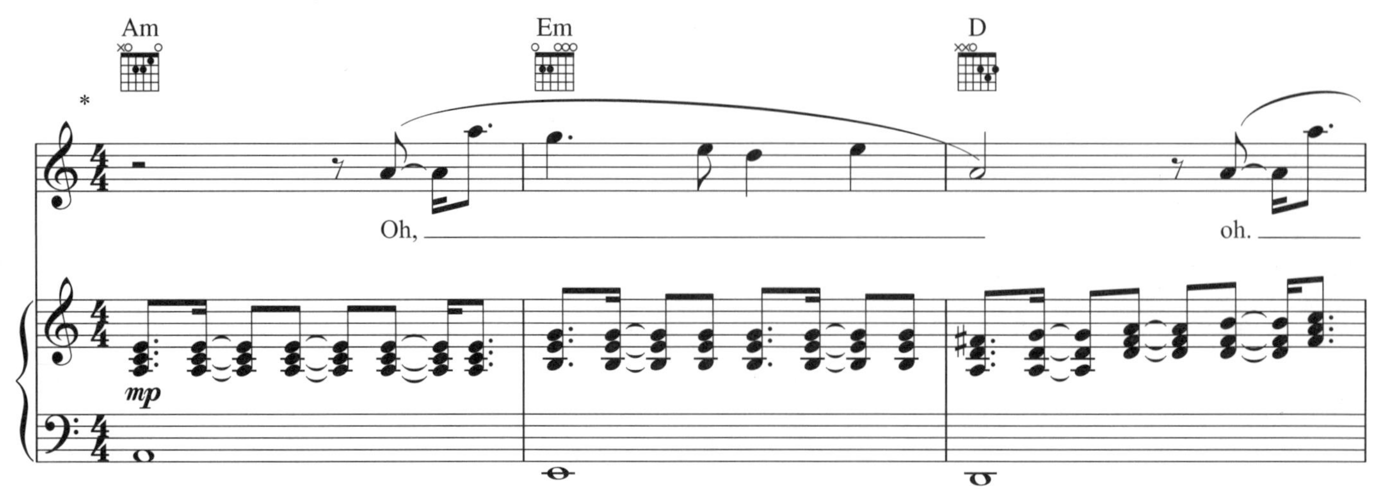

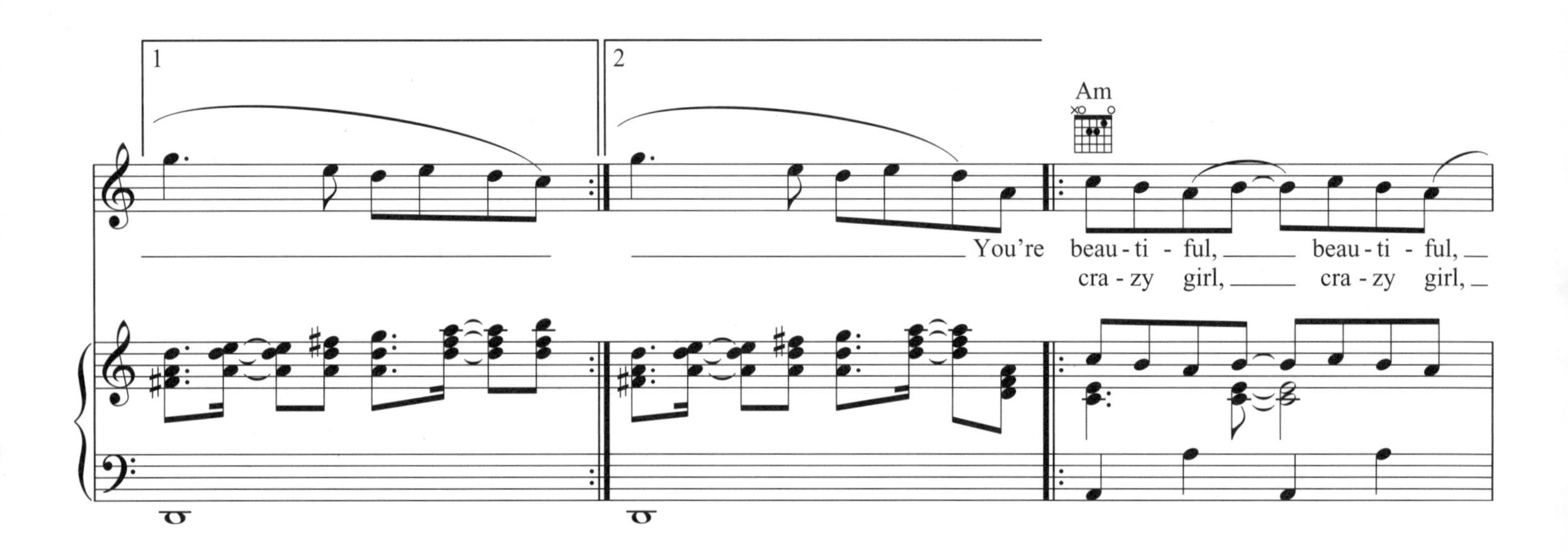

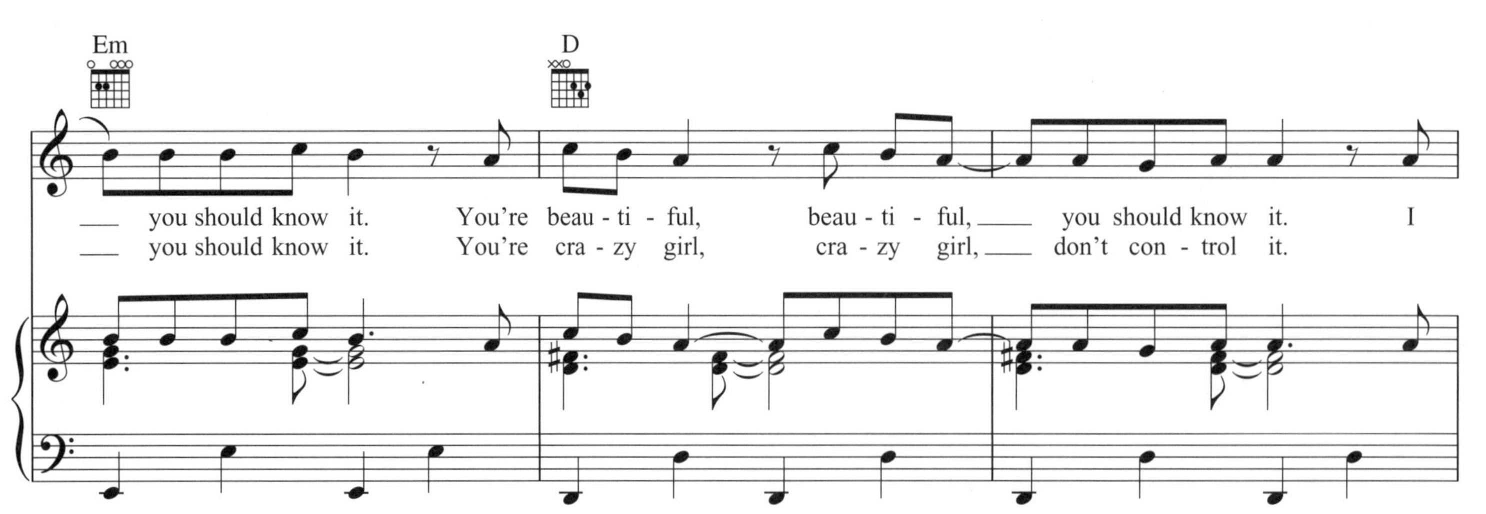

* *Recorded a half step lower.*

Am
Em
D
think it's time, think it's time you should show it. You're beau - ti - ful, beau - ti - ful.
Light it up, light it up, so ex - plo - sive. You're cra - zy girl, yeah, yeah.
Am
Em
Ba - by, what you do - in', where you at, where you at? Why you
D
Am
act - in' so shy, hold - in' back, hold - in' back? We're not the on - ly ones do - in' it like
Em
D
that, it like that. So, D. J. bring that, bring that, bring that, bring that back. 'Cause all a - round the

Am
Em
D
world peo - ple want to be loved. Yeah,
Am
Em
'cause all a - round the world they're no dif - f'rent than us,
D
Am
no. All a - round the world peo - ple
Em
D
want to be loved. Oh, all a - round the

Am
Em
D
world they're no dif - f'rent than us.
Oh,
To Coda
Am
all a-round the world.
Rap: (See additional lyrics)
2nd time only
All a-round the world.
1
You're

2
Am
Em
D
Am
Em
D
Am
Em
D

Am
Em
D
D.S. al Coda
All a-round the
CODA
Am
world.
All a-round
Em
D
the world
peo-ple want to be loved.
All a-round the
Am
Em
D
world.
All a-round the world
they're no dif-f'rent than us.

Additional Lyrics

Rap: Yeah. Once again, the dynamic duo's back at it. J.B, Luda.
I love everything about you, you're imperfectly perfect.
Everyone's itchin' for beauty but just scratchin' the surface.
Lost time is never found. Can the D.J. please reverse it?
In life we pay for change, let's make every second worth it.
Anything can work. If you workin' with people that sayin' you don't
Deserve it then don't give in.
'Cause hate may win some battles, but love wins in the end.
You shine just like the sun while the moon and the stars reflect your light.
Beauty revolves around you. It's only right that...

AS LONG AS YOU LOVE ME

Words and Music by JUSTIN BIEBER,
SEAN ANDERSON, NASRI ATWEH,
RODNEY JERKINS and ANDRE LINDAL

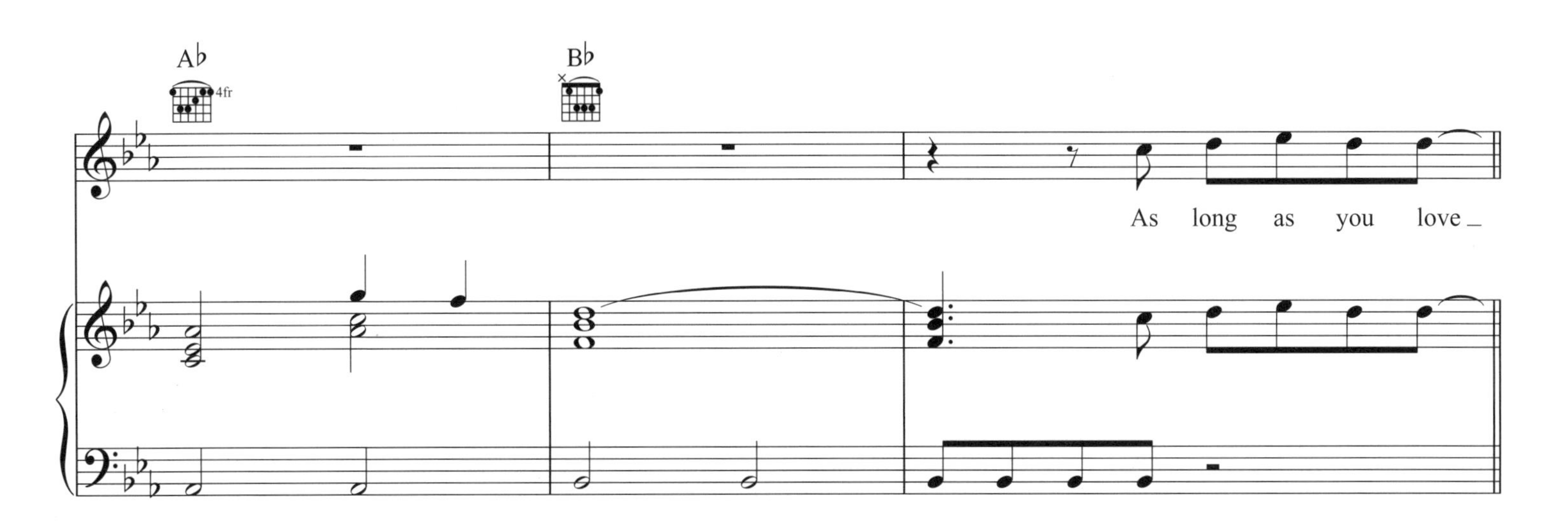

Cm
3fr
A♭
4fr
B♭
me. We're un - der pres - sure, sev - en bil - lion peo - ple in the
I'll be your sol - dier, fight - in' ev - 'ry sec - ond of the
Cm
3fr
A♭
4fr
world try'n to fit in. Keep it to - geth - er,
day for your dreams, girl. I'll be your Ho - va,
B♭
Cm
3fr
Gm
3fr
smile on your face e - ven though your heart is frown - ing. But, hey now,
you could be my Des - ti - ny's Child on the scene, girl. So don't stress,
A♭
4fr
B♭
you know, girl, we both know it's a cruel world.
don't cry. Girl, we don't need no wings to fly.

Cm
Gm
A♭
B♭
But I will take my chanc - es.
Just take my hand.
Cm
Gm
A♭
As long as you love me, we could be starv - ing, we could be home -
B♭
Cm
Gm
- less, we could be broke. As long as you love me, I'll be your plat -
A♭
B♭
- 'num, I'll be your sil - ver, I'll be your gold. As long as you

Cm
Gm
A♭
B♭
l - l - l - l - l - l - l - l - l - l - l - l - l - l - l - l - l - l - love
me, love me.
As long as you
l - l - l - l - l - l - l - l - l - l - l - l - l -
l - l - l - l - l - love
me, love me, me, me, me.
1
2
me, love me.
Rap: (See additional lyrics)
3fr
4fr

Cm
B♭
A♭
B♭
(Rap continues)
Cm
B♭
A♭
B♭
Fm
A♭
Cm
C5
As long as you love

Cm
Gm
A♭
B♭
3fr
4fr
me, we could be starv - ing, we could be home - less, we could be broke.
As long as you love me, I'll be your plat - 'num, I'll be your sil -
- ver, I'll be your gold. As long as you
l - l - l - l - l - l - l - l - l - l - l - l - l - l - l - l - l - l - love me.
1–3
As long as you

Additional Lyrics

Rap: I don't know if this makes sense, but you're my hallelujah.
Give me a time and place, I'll rendezvous it. I'll fly you to it.
I'll beat you there. Girl, you know I got you, us, trust.
A couple things I can't spell without you.
Now we on top of the world, 'cause that's just how we do.
Used to tell me sky's the limit, now the sky's our point of view.
Man, we steppin' out like, whoa, oh God, cameras point and shoot.
Ask me what's my best side, I stand back and point at you.
You, you the one that I argue with, feel like I need a new girl to be bothered with.
But the grass ain't always greener on the other side, it's green where you water it.
So I know we got issues, baby, true, true, true, but I'd rather work on this wit' you
Than to go ahead and start with someone new, as long as you love me.

BABY

Words and Music by JUSTIN BIEBER,
CHRISTOPHER STEWART, CHRISTINE FLORES,
CHRISTOPHER BRIDGES and TERIUS NASH

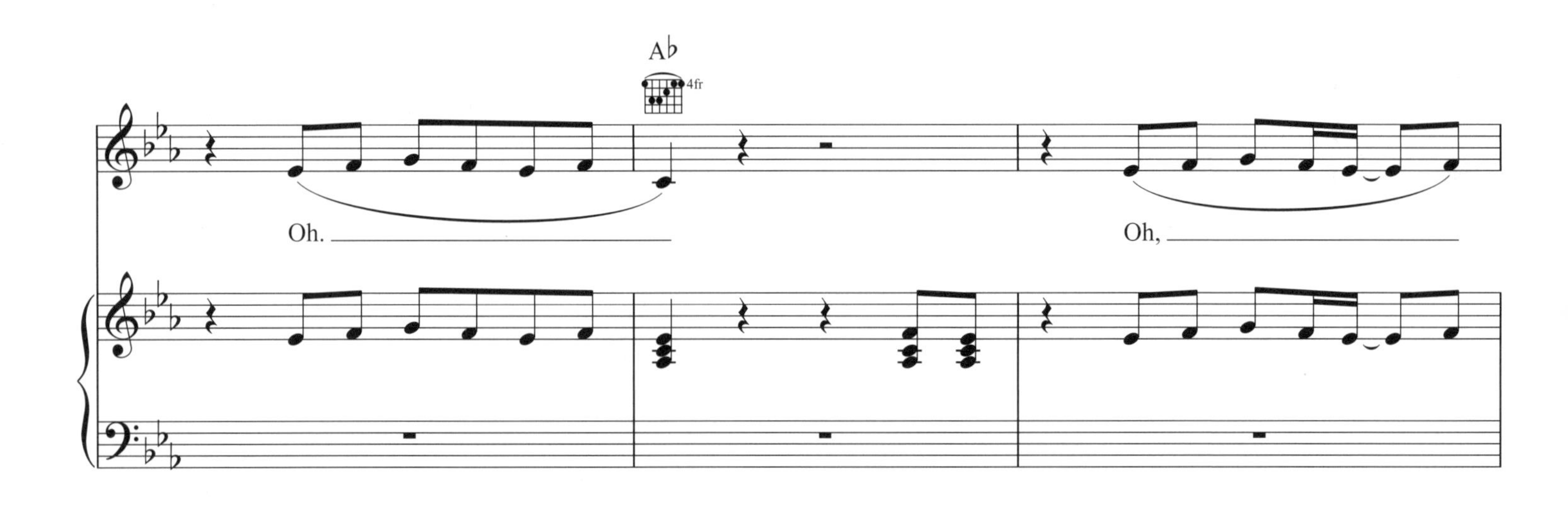

Cm
care. Just shout when - ev - er, and I'll be there. You are my
A♭
B♭
love, you are my heart, and we will nev - er ev - er ev - er be a -
E♭
part. Are we an i - tem? Girl, quit play - in'. We're
Cm
A♭
just friends, what are you say - in'? Said there's an - oth - er and looked right in my

B♭
eyes. My first love broke my heart for the first ___ time. And I was like,
E♭
Cm
"Ba - by, ba - by, ba - by, oh, ___ like ba - by, ba - by, ba -
A♭
- by, no, ___ like ba - by, ba - by, ba - by, oh,
B♭
E♭
thought you'd al - ways be ___ mine, ___ mine. _ Ba - by, ba - by, ba -

Cm
3fr
- by, oh, like ba - by, ba - by, ba - by, no, like
A♭
4fr
B♭
To Coda
ba - by, ba - by, ba - by, oh, thought you'd al - ways be mine,
E♭
3fr
mine."
Oh, for you I would have done what - ev - er, and I just
Cm
3fr
A♭
4fr
can't be - lieve we ain't to - geth - er. And I wan - na play it cool, but I'm

B♭
los - in' you. I'll buy you an - y - thing, I'll buy you an - y ring. And I'm in
E♭
3fr
Cm
3fr
piec - es; ba - by, fix me. And you shake me 'til you wake me from this
A♭
4fr
bad dream. I'm go - ing down, down, down, down, and I just
B♭
D.S. al Coda
can't be - lieve my first love won't be a - round. And I'm like,

CODA
E♭
3fr
mine."
When I was thir - teen,
I had my first love.
Cm
3fr
There was no-bod-y that com-pared to my ba-by, and no - bod-y came be-tween us or could ev-er come a-bove.
A♭
4fr
She had me go-ing cra - zy, oh, I was star - struck.
B♭
She woke me up dai - ly,
E♭
3fr
don't need no Star - bucks.
She made my heart pound,
it skip a beat when I see her in the street and

Cm
3fr
at school on the play - ground. But I real-ly want to see her on a week-end.
A♭
4fr
B♭
She knows she got me daz - ing, 'cause she was so a-maz - ing, and now my heart is break-ing.
E♭
3fr
But I just keep on say-ing, "Ba - by, ba - by, ba - by, oh, like
Cm
3fr
A♭
4fr
ba - by, ba - by, ba - by, no, like ba - by, ba - by, ba -

B♭
1
- by, oh, thought you'd al - ways be mine, mine."
2
E♭
mine." Yeah, yeah, yeah, yeah, yeah, yeah.
I'm gone, well, I'm all gone.
Cm
A♭
Yeah, yeah, yeah, yeah, yeah, yeah. Yeah, yeah, yeah, yeah, yeah, gone,
Now I'm all gone, now I'm all gone.
B♭
E♭5
E♭sus
E♭
gone, gone, gone.
I'm gone.
molto rit.

BEAUTY AND A BEAT

Words and Music by JUSTIN BIEBER,
NICKI MINAJ, MAX MARTIN,
ANTON ZASLAVSKI and SAVAN KOTECHA

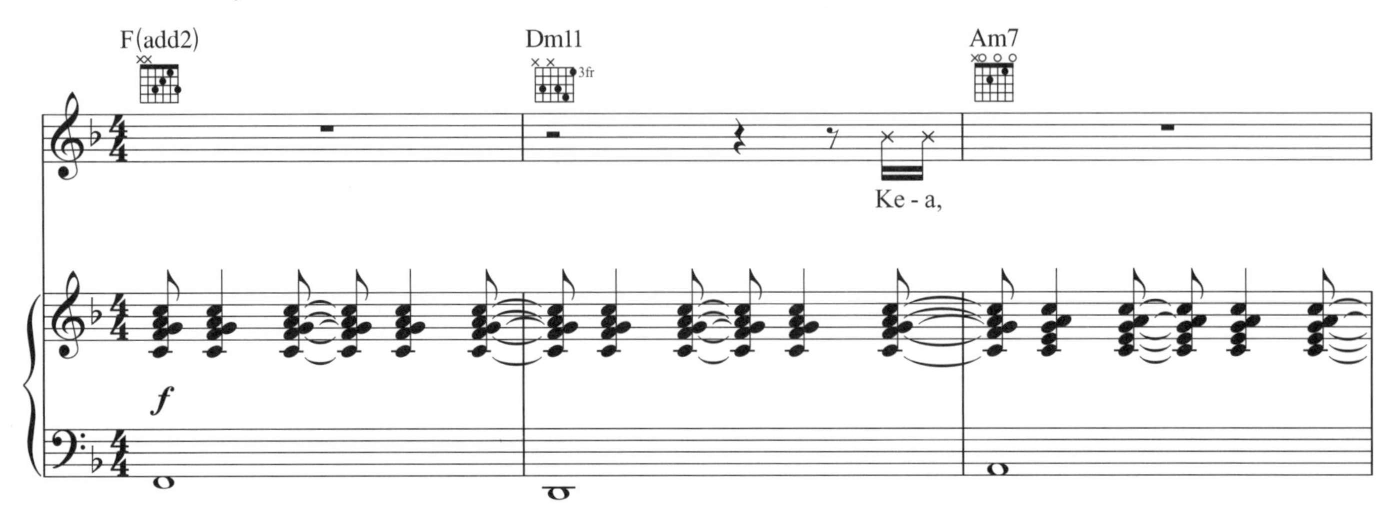

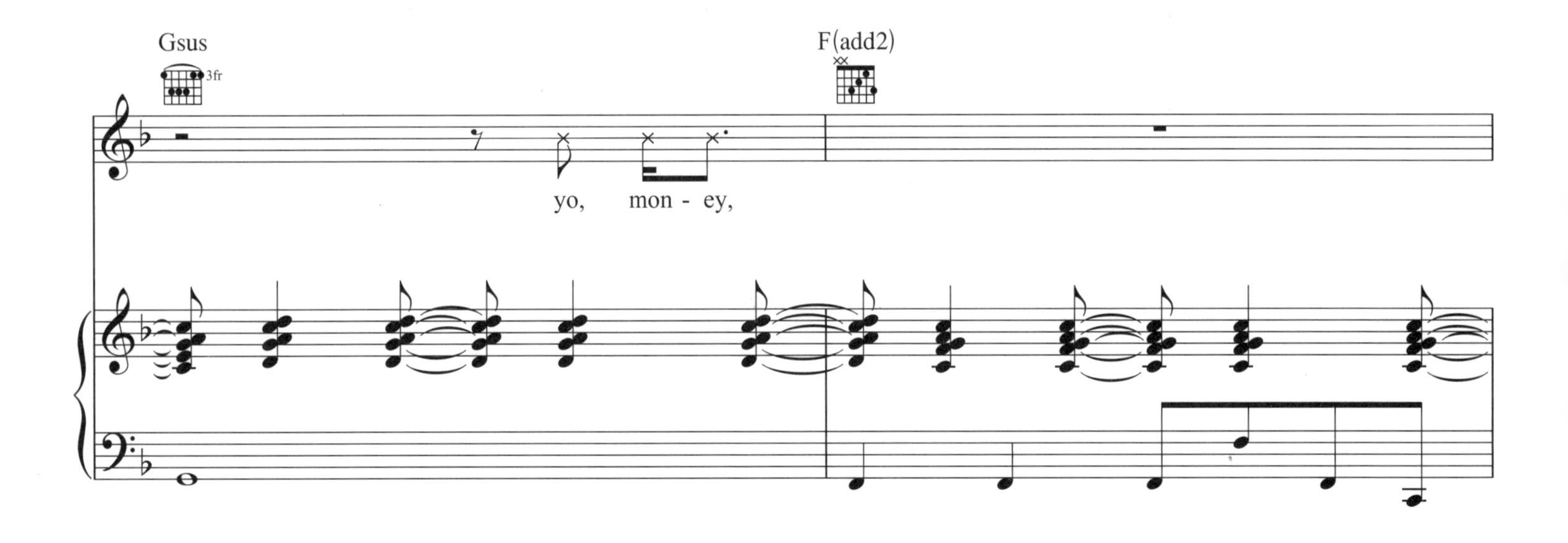

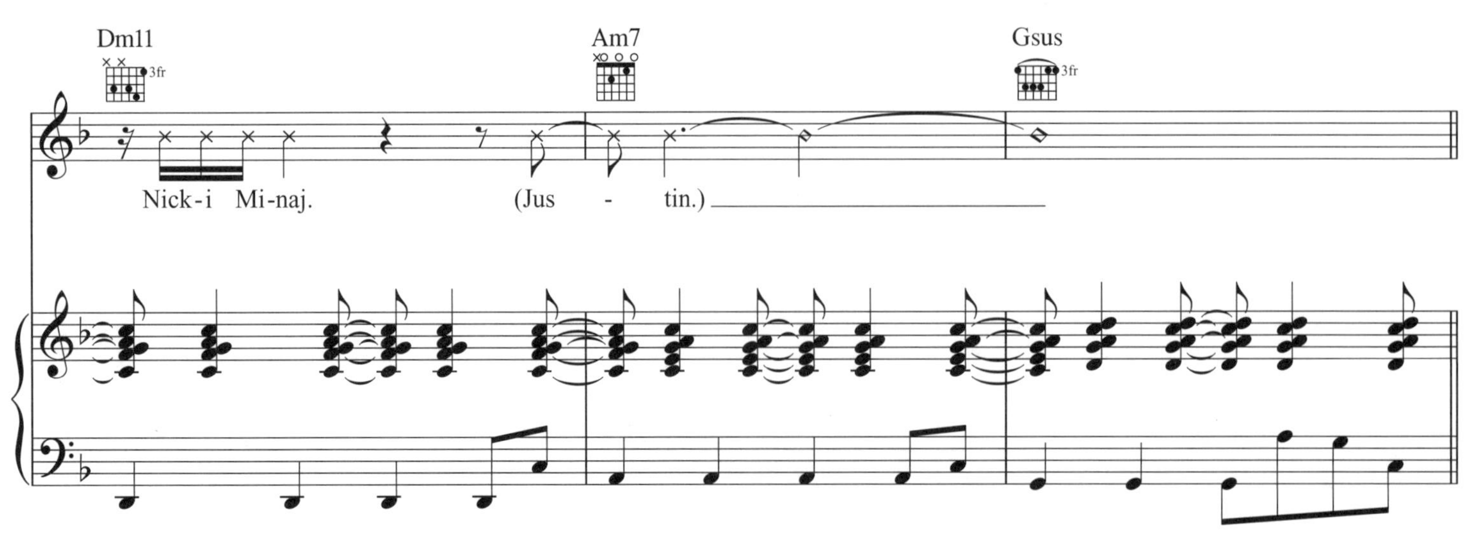

F(add2)
Dm11
3fr
Show you off, to - night I wan - na
bod - y rock, girl, I can feel your
Am7
G(add4)
F(add2)
show you off. (Hey, hey, hey) What you got
bod - y rock. (Hey, hey, hey) Take a bow.
Dm11
3fr
Am7
a bil - lion could - 've nev - er bought.
You're on the hot - test tick - et now.
G(add4)
F(add2)
(Hey, hey, hey.) We gon - na par - ty like it's

Dm11
3fr
Am7
thir - ty twelve to - night. I wan - na show you all the
Gsus
3fr
F(add2)
fin - er things in life. So just for - get a - bout the
Dm11
3fr
Am7
Gsus
3fr
world; we young to - night. I'm com - in' for ya, I'm com - in' for ya. 'Cause
Fmaj9
G
Am
all I need is a beau -

C
Fmaj9
G
-ty and a beat who can make my life com-plete.
Dsus
C
Fmaj9
It's all
G6
Am7
'bout you. When the mu-
C
Fmaj9
G6
-sic makes you move, ba-by, do it like you do,

Am7
To Coda
1
C
Am
'cause...
Your
2
'cause...
Fmaj9
Rap: (See additional lyrics)

Em
Am
1
Am/G
2
Fmaj9
Em
Am
Am/G
Fmaj9
(Bod - y rock, oh,
D.S. al Coda
Em
Am
Am/G
I wan - na feel your bod - y rock.)
'Cause
(Rap ends)

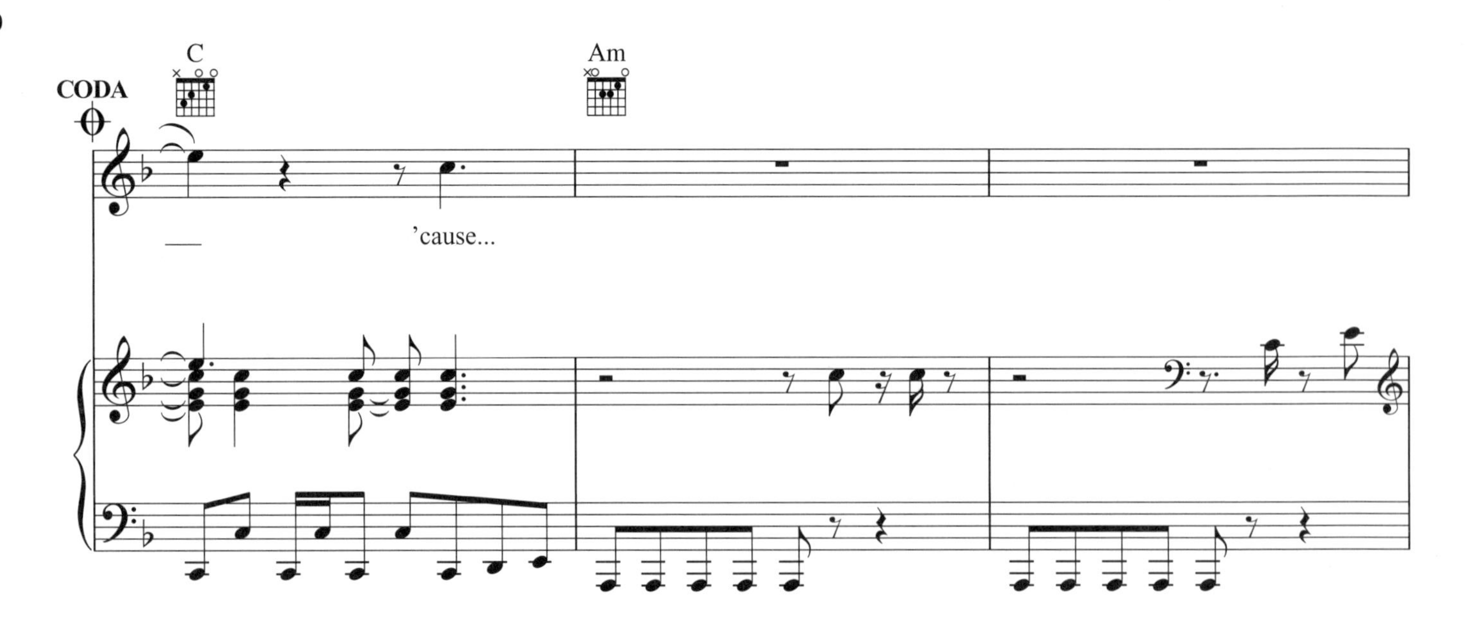

Additional Lyrics

Rap: In time, ink lines, bitches couldn't get on my incline.
World tours, it's mine: ten little letters on a big sign.
Justin Bieber, you know I'm-a hit 'em with the ether.
Buns out, wiener, but I gotta keep a eye out for Selena.

Beauty, beauty and the beat, beauty from the east, beautiful confessions of the priest.
Beats, beauty from the streets, we don't get deceased every time a beauty on the beats.
Beats... Yeah, yeah, yeah, yeah.
Let's go, let's go.

BOYFRIEND

Words and Music by JUSTIN BIEBER,
MAT MUSTO, MIKE POSNER
and MASON LEVY

Moderate Hip-Hop groove

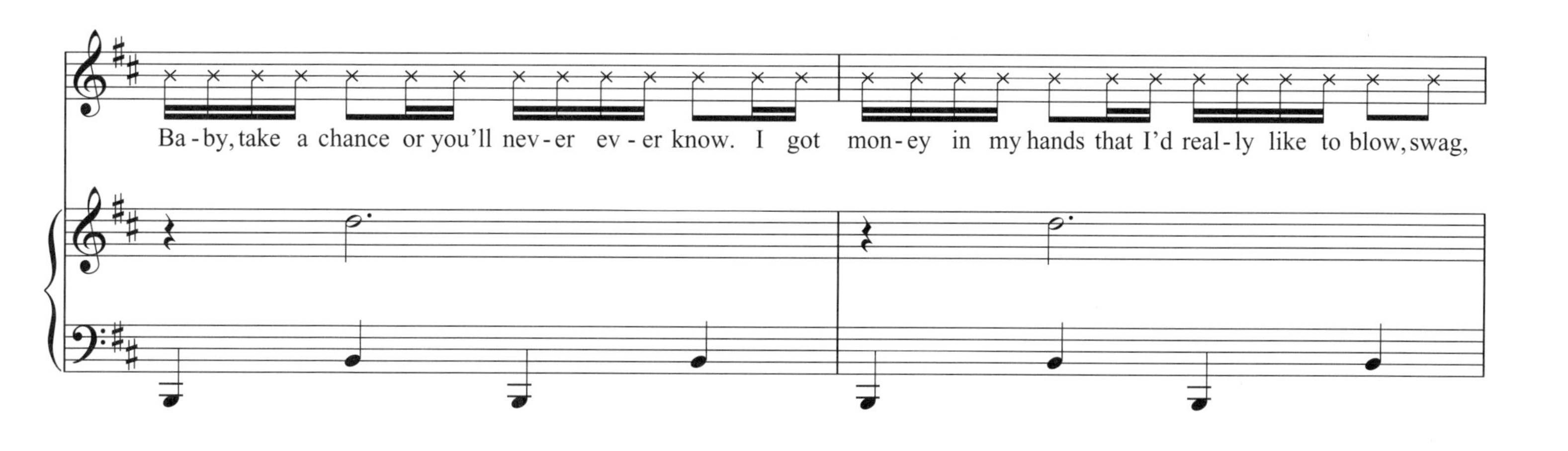

know a - bout me, but I know a - bout you. So say hel - lo to fal - set - to in three, two, swag.
Bm Em A D
I'd like to be ev - 'ry - thing you want.
Bm Em A N.C.
Hey, girl, let me talk to you. If I was your boy -
Bm Em A D
- friend, I'd nev - er let you go. I'd keep you on my arm,

Bm
Em
A
D
girl, you'd nev - er be a - lone.
And I could be a gen -
tle - man, an - y - thing you want.
If I was your boy -
friend, I'd nev - er let you go,
I'd nev - er let you go.
To Coda
N.C.
Tell me what you like, yeah, tell me what you don't. I could be your Buzz Light - year, fly a - cross the globe. I don't

ev - er wan - na fight, yeah, you al - read - y know. I'm - a make you shine bright like you're lay - in' in the snow, brrr.
Girl - friend, girl - friend, you could be my girl - friend.
You could be my girl - friend un - til the w - w - world ends. Make you dance, do a spin and a twirl and
D.S. al Coda
voice go - in' cra - zy on this hook like a whirl - wind.
CODA
Bm
So give me a chance

Em
F♯m
'cause you're all I need, girl. Spend a
A
Bm
week wit' your boy, I'll be call - in' you my girl - friend. If I was your man,
Em
F♯m
I'd nev - er leave you, girl.
A
Bm
Em
I just wan - na love and treat you right.
If I was your boy - friend, I'd nev - er let you go.

A
D
Bm
Em
I'd keep you on my arm, girl, you'd nev - er be a - lone.
And I can be a gen - tle - man, an - y - thing you want.
If I was your boy - friend, I'd nev - er let you go.
I'd nev - er let you go. Na, na, na,

A
D
Bm
Em
na, na, na,
na, na, na,
yeah.
Na, na, na,
A
D
Bm
Em
na, na, na,
if I was your boy - friend.
Na, na, na,
A
D
Bm
Em
na, na, na,
na, na, na,
yeah.
Na, na, na,
A
D
N.C.
na, na, na,
if I was your boy - friend.

FRIENDS

Words and Music by JULIA MICHAELS,
JUSTIN TRANTER, JUSTIN BIEBER
and MICHAEL TUCKER

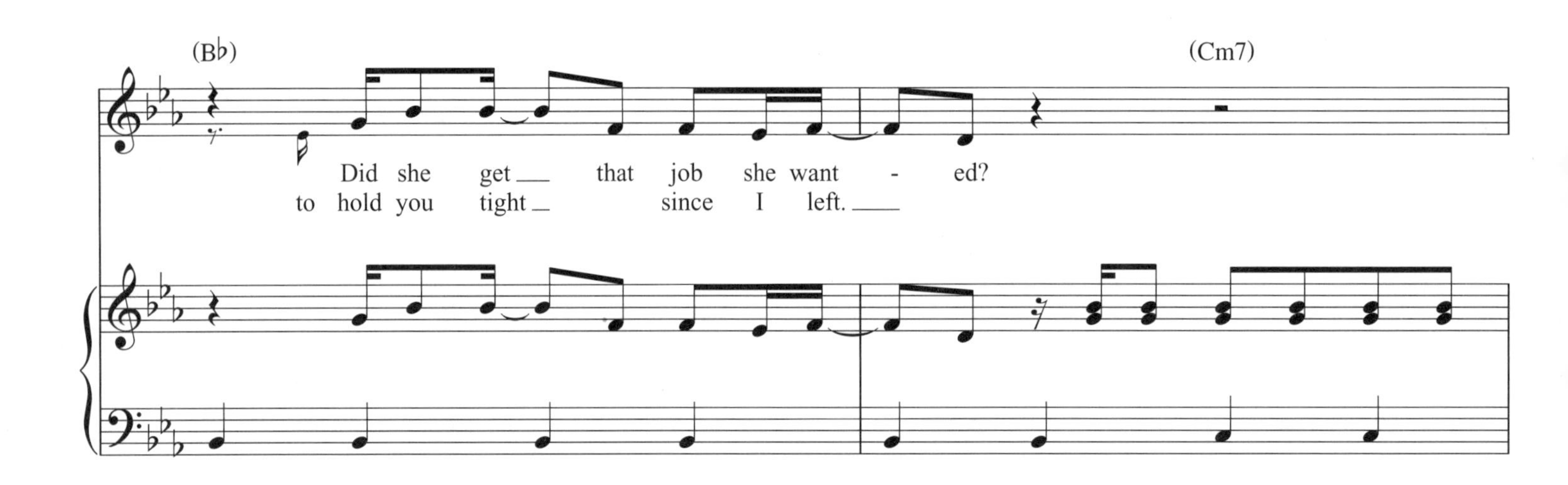

(B♭)
(Cm7)
I'm just cu - rious 'bout her, hon - est.
Ac - tual - ly, don't an - swer that.

(A♭)
(Cm7)
Girl, you're won - d'rin' why I been call - ing,

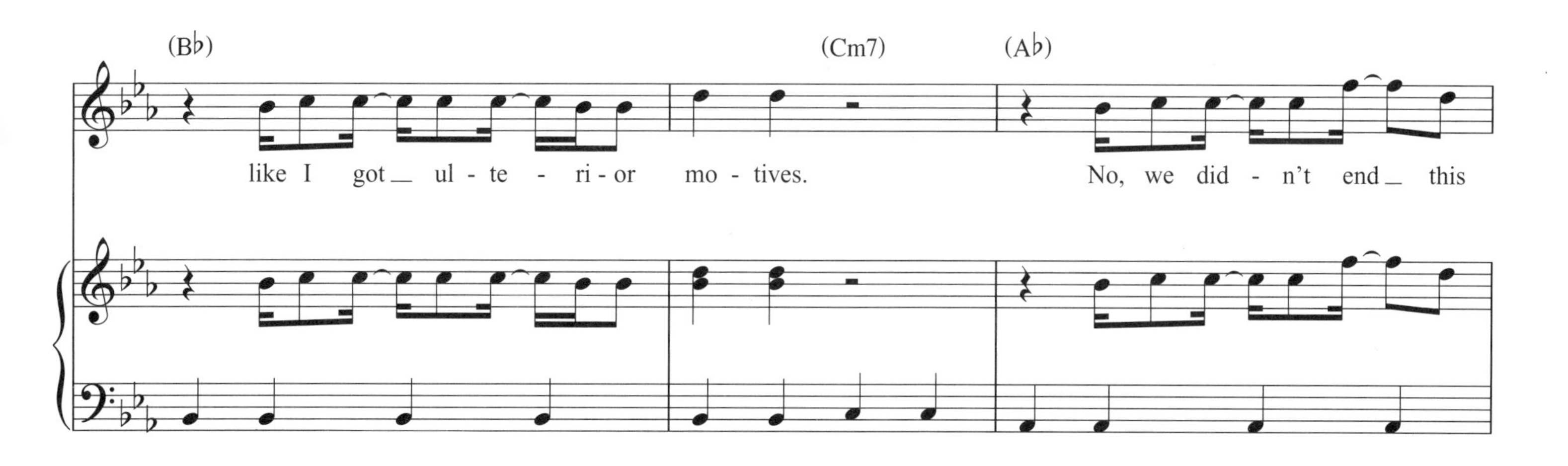
(B♭)
(Cm7)
(A♭)
like I got ul - te - ri - or mo - tives. No, we did - n't end this

(Cm7)
(B♭)
(Cm7)
so good, but you know we had some-thing so good. So I'm won - d'ring,

A♭
Cm7
B♭
Cm7
can we still be friends?
Can we still be friends?
A♭
Cm7
B♭
Does - n't have to end.
And if it ends,
N.C.
A♭
Cm7
can we be friends?
B♭
Cm7
A♭
Cm7
Can we be friends?

1
B♭
N.C.
Can we be friends?
2
B♭
And if it ends, _
_ can we be friends?
N.C.
A♭
4fr
Well, you're won - d'rin' why _ I been
Cm7
3fr
B♭
call - ing,
like I got _ ul - te - ri - or
Cm7
3fr
A♭
4fr
mo - tives.
No, we did - n't end _ this

Cm7
3fr
B♭
so good,
but you know we had some-thing
N.C.
A♭
4fr
Cm7
3fr
so good. I'm won - d'ring,
can we still be friends?
B♭
Cm7
3fr
A♭
4fr
Can we still be friends?
Does - n't
Cm7
3fr
B♭
N.C.
have to end.
And if it ends, can we be friends?

DESPACITO

Words and Music by LUIS FONSI,
ERIKA ENDER, JUSTIN BIEBER, JASON BOYD,
MARTY JAMES GARTON and RAMON AYALA

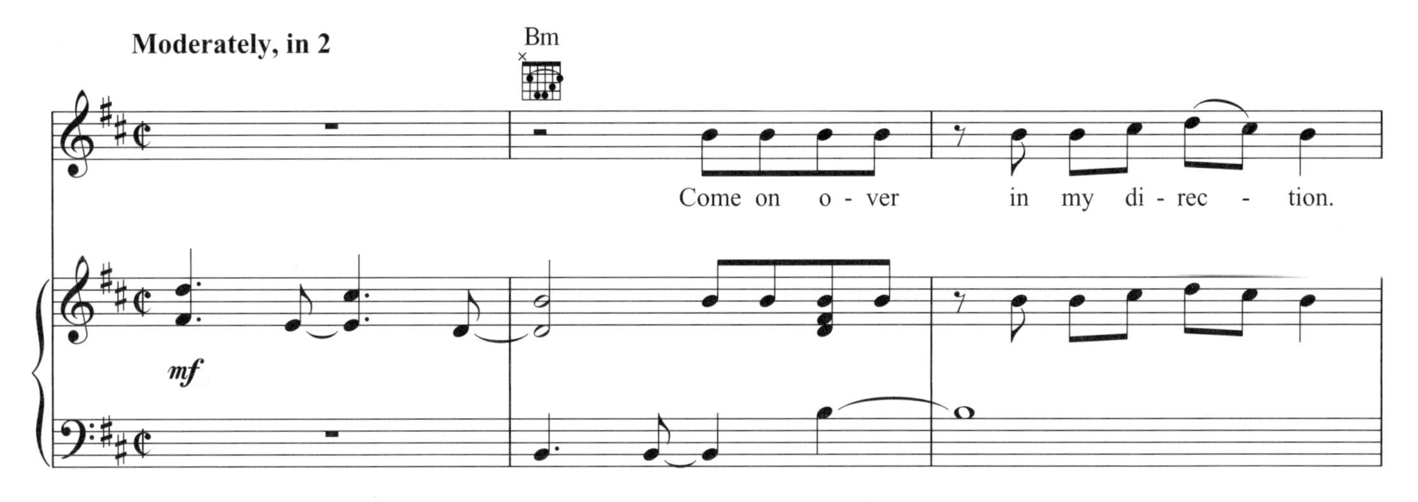

Bm
G
my sun - rise on the dark - est day. Got me
D
feel - in' some kind of way. Make me wan - na sa - vor ev - 'ry mo - ment slow -
A
Bm
- ly, slow - ly. You fit me, tail - or -
G
made love, how you put it on. Got the on - ly key, know how to turn it on.

D
A
The way you nib - ble on my ear, the on - ly words I wan - na hear: Ba - by, take it
N.C.
Bm
3
slow so we can last long. Tú, tú e - res el i - mán y yo soy el me -
G
D
tal. Me voy a - cer - can - do y voy ar - man - do el plan. Só - lo con pen -
A
N.C.
sar - lo se a - ce - ler - a el pul - so. Oh, yeah.

Bm
G
Ya, ya me está gus - tan - do más de lo nor - mal. To - dos mis sen -
D
ti - dos van pi - dien - do más. Es - to hay que to - mar - lo sin nin - gún a - pu -
A
N.C.
Bm
- ro. Des - pa - ci - to. Quie - ro res - pi -
G
rar tu cue - llo des - pa - ci - to. De - ja que te di - ga co - sas al o - í -

D
A
- do, pa - ra que te a - cuer - des si no es - tás con - mi - go.
N.C.
Bm
Des - pa - ci - to. Quie - ro des - nu - dar - te a be - sos des - pa - ci -
G
D
- to, fir - mo en las pa - re - des de tu la - be - rin - to, y ha - cer de tu
A
N.C.
cuer - po to - do un ma - nu - scri - to.

Bm
G
Quie - ro ver bai - lar tu pe - lo, quie - ro ser tu rit - mo,
D
que le en - se - ñes a mi bo - ca, tus lu - ga - res fa - vo - ri -
A
Bm
- tos. Dé - ja - me so - bre - pa - sar
G
tus zo - nas de pe - li - gro, has - ta pro - vo - car tus gri -

D
A
To Coda
- tos, y que ol - vi - des tu a - pe - lli - do.
N.C.
Bm
Si te pi - do un be - so, ven dá - me - lo. Yo sé que es - tás pen - sán - do - lo. Lle - vo tiem - po in - ten -
G
D
tán - do - lo, ma - mi es - to es dan - do y dán - do - lo. Sa - bes que tu cor - a - zón con - mi - go te ha - ce
A
N.C.
bang bang. Sa - bes que e - sa be - ba es - tá bus - can - do de mi bang bang. Ven prue - ba de mi

Bm
G
bo - ca pa - ra ver có - mo te sa - be. Quie-ro, quie-ro quie-ro ver cuán-to a - mor a ti te
D
ca - be. Yo no ten - go pri - sa, yo me quie - ro dar el via - je. Em - pe - ce - mos
A
N.C.
Bm
3
len - to, des - pués sal - va - je. Pa - si - to a pa - si - to, sua - ve sua - ve -
G
ci - to. Nos va - mos pe - gan - do po - qui - to a po - qui - to cuan - do tú me

D
A
be - sas con e - sa de - stre - za. Veo que e - res ma - li - cia con de - li - ca -
N.C.
Bm
de - za. Pa - si - to a pa - si - to, sua - ve sua - ve - ci - to. Nos va - mos pe -
G
D
gan - do po - qui - to a po - qui - to. Y es que e - sa be - lle - za en un rom - pe - ca -
A
N.C.
D.S. al Coda
be - zas, pe - ro pa' mon - tar - lo a - qui ten - go la pie - za. ¡O - ye! Des - pa -

CODA
N.C.
Bm
Des - pa - ci - to. This is how we do it down in Puer - to Ri -
G
D
- co. I just wan - na hear you scream - ing, "¡Ay Ben - di - to!" I can move for -
A
N.C.
ev - er se que - de con - ti - go. Pa - si - to a pa -
Bm
G
si - to, sua - ve sua - ve - ci - to. Nos va - mos pe - gan - do po - qui - to a po -

D
qui - to.
Que le en - se - ñes a mi bo - ca, tus lu - ga - res fa - vo - ri -
A
Bm
- tos.
Pa - si - to a pa - si - to, sua - ve sua - ve - ci - to. Nos va - mos pe -
G
D
gan - do, po - qui - to a po - qui - to.
Has - ta pro - vo - car tus gri - tos.
A
N.C.
Y que ol - vi - des tu a - pe - lli - do.
Des - pa - ci - to.

LOVE YOURSELF

Words and Music by JUSTIN BIEBER,
BENJAMIN LEVIN, ED SHEERAN,
JOSHUA GUDWIN and SCOTT BRAUN

F♯m E B/D♯
7fr 4fr
- ing on my own. Well, I ain't.
me for - get where I came from.
And I did - n't wan - na
E B/D♯ C♯m
7fr 4fr 4fr
write a song, 'cause I did - n't want an - y - one think - ing I still care. I
F♯m E B/D♯ E B/D♯
7fr 4fr 7fr 4fr
don't, but you still hit my phone up. And, ba - by, I'll be mov - ing on and I think it
C♯m F♯m E B/D♯
4fr 7fr 4fr
should be some - thing I don't wan - na hold back. May - be you should know that my ma - ma don't

C♯m7
A
E
4fr
like you, and she likes ev - er - y - one.
And I never
like to ad - mit that I was wrong.
And I've been so
B
caught up in my job, did - n't see what's go - ing on. But now I know
I'm bet - ter
sleep - ing on my own. 'Cause if you like the way you
N.C.

C♯m7
A
E
A
E
4fr
look that much, oh, ba - by, you should go and love your - self. And if you
B
C♯m7
A
E
A
think that I'm still hold - ing on to some - thing, you should go and love your - self.
1
E
But when you told
2
E
B
Mmm, mmm,
C♯m7
A
E
A
mmm, mmm.

E
B
Mmm,
mmm,
C♯m7
A
E
A
4fr
mmm,
mmm.
E
B/D♯
C♯m
7fr
4fr
4fr
For all the times that you made me feel small,
I fell in love,
F♯m
E
B/D♯
N.C.
E
B/D♯
now I feel noth-ing at all.
I nev-er felt so low when I was vul-nera-

C♯m
4fr
F♯m
E
7fr
B/D♯
4fr
N.C.
- ble. Was I a fool to let you break down my walls? 'Cause if you
E
B
C♯m7
4fr
A
E
A
like the way you look that much, oh, ba - by, you should go and love your - self.
E
B
C♯m7
4fr
A
And if you think that I'm still hold - ing on to some - thing,
1
2
E
A
E
E
you should go and love your - self. 'Cause if you

NEVER SAY NEVER

from THE KARATE KID

Words and Music by JUSTIN BIEBER,
NASRI ATWEH, THADDIS HARRELL, OMARR RAMBERT,
ADAM MESSINGER and JADEN SMITH

Moderate Pop

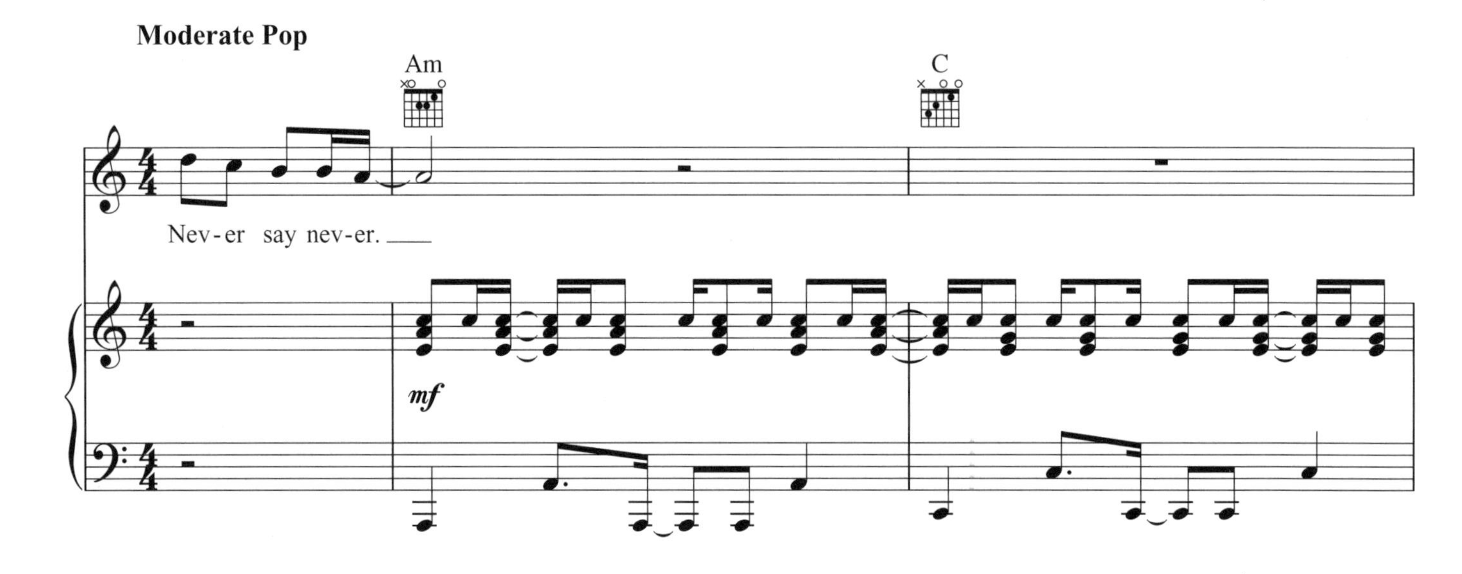

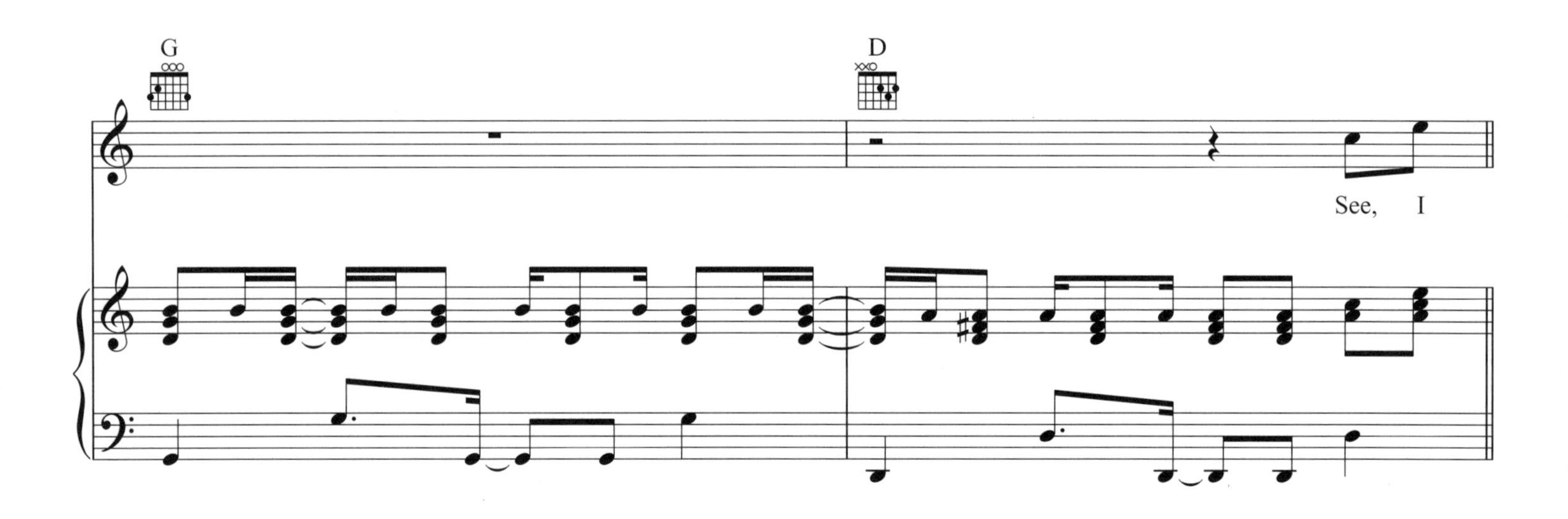

G
D
nev - er thought that I could take the burn. I
nev - er thought that I could feel this free. I'm

Am
C
nev - er had the strength to take it high - er un -
strong e - nough to climb the high - est tow - er and I'm

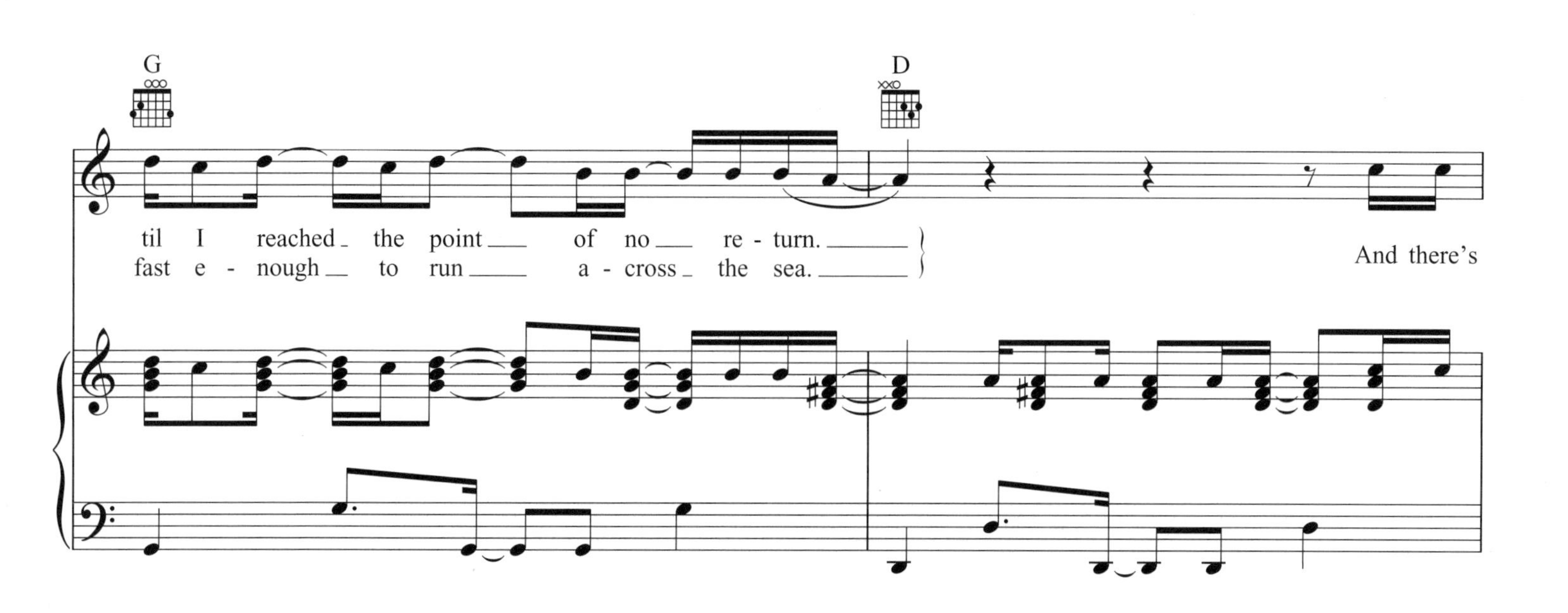
G
D
til I reached the point of no re - turn.
fast e - nough to run a - cross the sea.
And there's

Am
C
just no turn - ing back when your heart's un - der at - tack.
Gon - na
Gon - na
G
D
give ev - 'ry - thing I have, it's my des - ti - ny.
give ev - 'ry - thing I have 'cause this is my des - ti - ny.
F
C
G
I will nev - er say nev - er.
I will fight,
F
C
G
Am
I will fight 'til for - ev - er.
Make it right.

F
C
G
Am
When - ev - er you knock me down, I will not stay on the ground.
D
1
Pick it up, pick it up, pick it up, pick it up, up, up. And nev - er say nev - er.
Am
C
G
Ne - nev-er say nev - er. Ne - nev-er say nev - er. Ne - nev-er say nev - er.
D
2
Nev - er say it, nev - er, nev - er say it. up, up, up. And nev - er say nev - er.
I

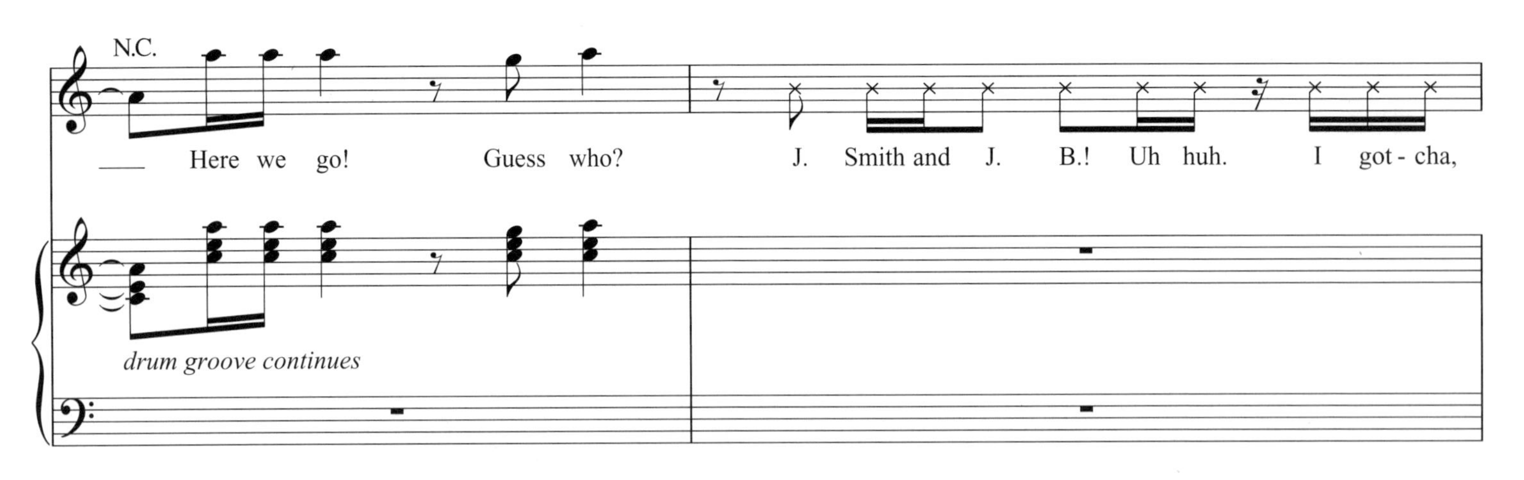
N.C.
Here we go! Guess who? J. Smith and J. B.! Uh huh. I got - cha,
drum groove continues

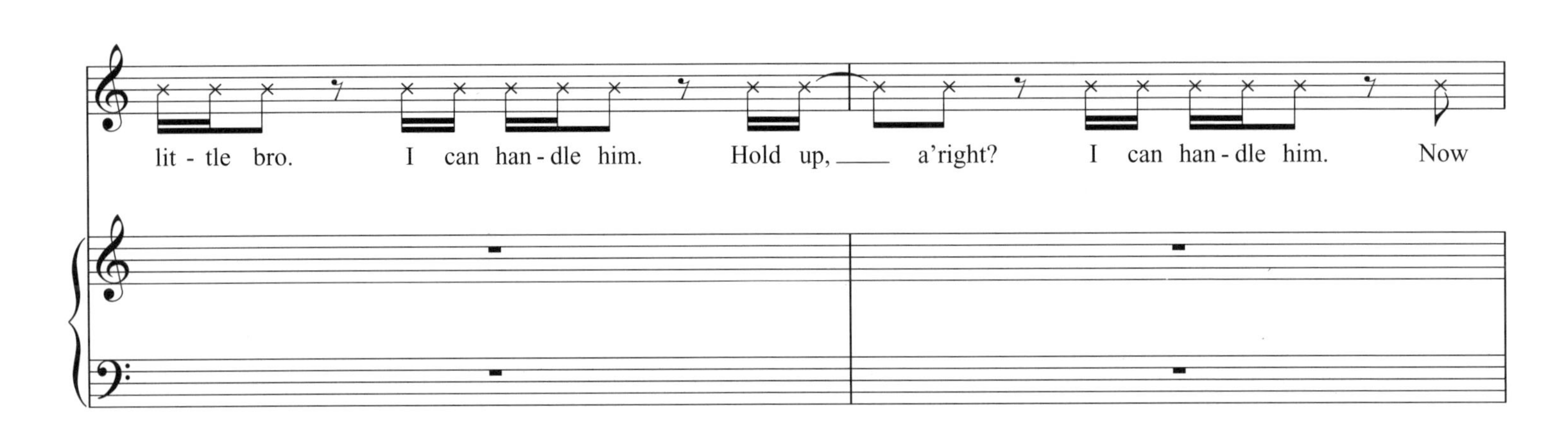
lit - tle bro. I can han - dle him. Hold up, a'right? I can han - dle him. Now

he's big - ger than me, tall - er than me, and he's old - er than me and strong - er than me. And

his arm's a lit - tle bit long - er than me, but he ain't on a J. B. song with me! I be

try'n'-a chill, they be try'n'-a side with the thrill. No pun in-tend-ed, was raised by the pow-er of Will. Like
Luke with the force if push comes to shove. Like Ko-be in the fourth, ice wa-ter for blood. I've
Am
C
got to be the best and, yes, we're the fly-est. Like Da-vid and Go-li-ath, I con-quered the gi-ant.
G
D
So now I got the world in my hand. I was born from two stars, so the moon's where I land.

F C G
I will never say never. I will fight,
F C G Am
I will fight 'til for - ev - er. Make it right.
F C G Am
When - ev - er you knock me down, I will not stay on the ground.
D
Pick it up, pick it up, pick it up, pick it up, up, up. And nev - er say nev - er.
1

2
Am
up, up, up. And nev - er say nev - er.
Ne - nev - er say nev - er.
C
G
Ne - nev - er say nev - er.
Ne - nev - er say nev - er.
D
Am
C
And nev - er say nev - er.
Ne - nev - er say nev - er.
Ne - nev - er say nev - er.
G
D
N.C.
Ne - nev - er say nev - er.
And nev - er say nev - er.

ONE TIME

Words and Music by JAMES BUNTON,
CORRON TY KEE COLE, CHRISTOPHER STEWART
and THABISO NKHEREANYE

* *Male vocal written at pitch.*

one time,
one time.
time, I'm - a tell you one time, one time.)
C♯m
A
B
E5
When I met you, girl, my heart went knock - knock. Now them but - ter - flies in
E5/D♯
C♯m
A
my stom - ach won't stop - stop. And e - ven though it's a
B
E5
E5/D♯
strug - gle, love is all we got; so we gon' keep - keep climb - in' to the moun - tain top. (Ee -

C♯m
A
B
E5
yo.) Your world is my world, and my fight
B/D♯
C♯m
A
is your fight, and my breath is your breath,
B
E5
B/D♯
C♯m
A
and your heart... And now you're my one love, my
B
E
B/D♯
one heart, my one life for sure. Let me tell you one

C♯m
A
B
E
time,
I'm - a tell you one time.
(Girl, I love, girl, I love you.)
(Girl, I love, girl, I
B/D♯
C♯m
A
And I'm - a be your one guy; you'll be my
love you.)
B
E
B/D♯
num - ber one girl, al - ways mak - ing time for you. I'm - a tell you one
To Coda
C♯m
A
B
E
time,
I'm - a tell you one time.
(Girl, I love, girl, I love you.)
(Girl, I love, girl, I

C♯m
A
love you. Hey.) You look so deep; you know that it hum-bles me.
B
E5
E5/D♯
C♯m
A
You're by my side, them trou-bles, them not trou-ble me. Man-y have called, but the
B
E5
cho-sen is you. What-ev-er you want, shaw-ty, I
D.S. al Coda
E5/D♯
C♯m
A
give it to you. Your world
CODA
love you.)
4fr

N.C.
Shaw-ty right there; she's got ev-'ry-thing I need. And
I'm-a tell her one time, give you ev-'ry-thing you need,
(One time, one time.)
down to my last dime. She makes me
C♯m
4fr
hap - py. I know where I'll be, right by your
D♯dim
6fr
E
F♯m
C♯m7/G♯
4fr

A6
N.C.
side; 'cause she is the one. And, girl, you're my
C♯m
A
B
E
one love, my one heart, my one life for
B/D♯
C♯m
A
sure. Let me tell you one time, I'm - a tell you one
(Girl, I love, girl, I love you.)
B
E
B/D♯
C♯m
A
time. And I'm - a be your one guy; you'll be my
(Girl, I love, girl, I love you.)
4fr

B
E
B/D♯
num - ber one girl, al - ways mak - ing time for you. I'm - a tell you one
C♯m
A
B
E
time, I'm - a tell you one time.
(Girl, I love, girl, I love you.) (Girl, I love, girl, I
C♯m
A
love you.)
Me plus you,
(I'm - a tell you one
B
E
B/D♯
C♯m
A
me plus you, me plus you,
time, one time, I'm - a tell you one time, one

B
E
B/D♯
4fr
one time,
one _ time.
time, _ I'm - a tell you one _ time,
one _ time.)
C♯m
4fr
A
B
E
B/D♯
4fr
C♯m
4fr
A
B
E
N.C.

ONE LESS LONELY GIRL

Words and Music by EZEKIEL LEWIS,
BALEWA MUHAMMAD, SEAN HAMILTON
and HYUK SHIN

E
Asus2
told yous" and "Start o - vers" and shoul - ders have you cried on be -
mer - ry. Four - teenth of Feb - ru - ar - y, not one of them spent with
C♯m7
4fr
fore? How man - y prom - is - es? Be hon - est, girl. How man - y tears
you. How man - y din - ner dates, set din - ner plates, and he did - n't
E/A
E
you let hit the floor? How man - y bags you pack, just to take
e - ven touch his food? How man - y torn pho - to - graphs, are you tap -
Asus2
'em back? Tell me that. How man - y "Ei - ther, ors"?
- ing back? Tell me that. Could - n't see an o - pen door.
But no

C♯m7
4fr
E/A
more. If you let me in-side of your world, there'll be
E
one less lone-ly girl. (Oh, oh, oh.) Saw so man-
3
Asus2
C♯m7
4fr
-y pret-ty fac-es be-fore I saw you, you. Now all
E/A
I see is you. I'm com-ing for you. (I'm com-ing for you.)

E
Asus2
No, no. don't need these oth - er pret - ty fac -
C♯m7
4fr
- es like I need you, and when you're mine, in the world
E/A
E
there's gon - na be one less lone - ly girl. (I'm com - ing for you.) One
Asus2
less lone - ly girl, (I'm com - ing for you.) one less lone - ly girl,

C♯m7
E/A
(I'm com-ing for you.) one less lone-ly girl. There's gon-na be one
E
less lone-ly girl. (I'm com-ing for you.) I'm gon-na put you first;
Asus2
C♯m7
I'll show you what you're worth. You let
(I'm com-ing for you.)
(That's what I'm gon-na do.)
1
E/A
me in-side your world, (There's gon-na be one less lone-ly girl.)
Christ-mas was-n't

2
E/A
F♯m
There's gon - na be one less lone - ly girl. I can
E/G♯
fix up your bro - ken heart; I can give you a brand -
Asus2
new start; I can make you be - lieve. I just wan - na
F♯m
set one girl free to fall. Free to fall (she's free

E/G♯
Gmaj7
to fall), fall in love with me.
Her heart's locked, and know
B7sus
what? I've got the key. I'll take her, and leave the world with one
B7
E
less lone - ly girl.
There's gon-na be one less lone - ly girl, one
C♯m7
less lone - ly girl. There's gon - na be one less lone - ly girl,

E/A
one less lone - ly girl.
E
Asus2
(I'm com - ing for you.) One less lone - ly girl, (I'm com - ing for you.) one
C#m7
less lone - ly girl, one
(I'm com - ing for you.)
E/A
less lone - ly girl. There's gon - na be one less lone - ly girl.

E
Asus2
(I'm com-ing for you.) I'm gon-na put you first; (I'm com-ing for you.) I'll
C♯m7
4fr
show you what you're worth. If you let
(That's what I'm gon-na do.)
1
E/A
me in-side your world, there's gon-na be one less lone-ly girl.
2
E/A
there's gon-na be one less lone-ly girl.

SOMEBODY TO LOVE

Words and Music by JUSTIN BIEBER,
HEATHER BRIGHT, RAY ROMULUS,
JEREMY REEVES and JONATHAN YIP

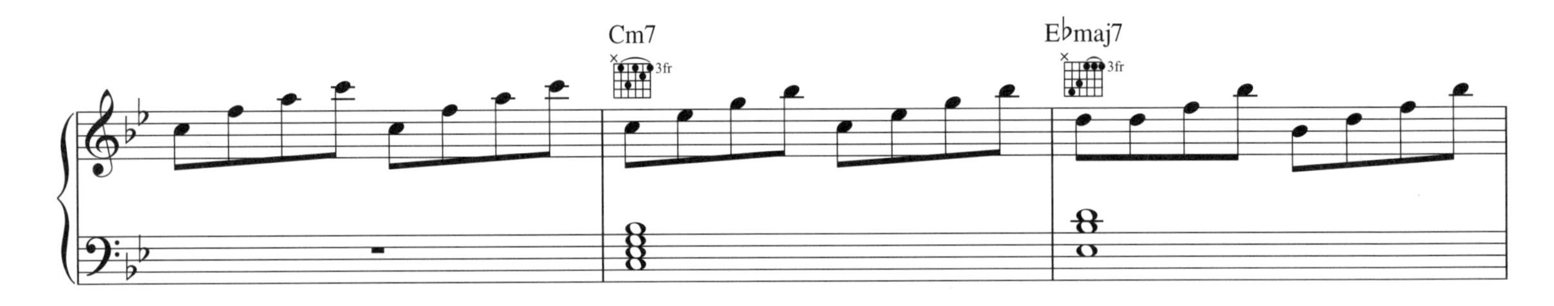

Cm
Eb
F
you I'd be, whoa, ah, run - nin' a thou - sand miles just get to where you are.
I would take ev - 'ry sec - ond, ev - 'ry sin - gle time, spend it like my last dime.
Cm
Step to the beat of my heart. I don't need a whole
Eb
F
lot com - ing from you. I ad - mit I'd rath - er give you the world,
Cm
or we can share mine. I know I won't be the first

E♭
3fr
F
one giv - ing you all this at - ten - tion.
Ba - by, lis - ten:
Cm9
E♭6/9
5fr
I just need some - bod - y to love.
I, I
F
Cm9
don't need too much, just some - bod - y to love.
Some - bod - y to love.
E♭6/9
5fr
F
1
I don't need noth - ing else.
I prom - ise, girl, I swear,
I just need some - bod - y to love.

Cm
E♭
F
I need some-bod-y; I, I need some-bod-y. I need some-bod-y; I,
I need some-bod-y.
2, 3
Cm
I just need some-bod-y to love.
I need some-bod-y; I,
E♭
F
Some-bod-y to love.
I need some-bod-y. I need some-bod-y; I, I need some-bod-y.
Cm
E♭
F
To Coda
I need some-bod-y; I, I need some-bod-y. I need some-bod-y; I,

Cm
3fr
E♭
3fr
I need some - bod - y.
I just need some - bod - y to love.
And you can have it all;
an - y - thing you want
F
Cm
3fr
I can bring, give you the fin - er things, yeah.
But what I real - ly want
E♭
3fr
F
I can't find 'cause mon - ey can't buy me some - bod - y to love.
Cm7
3fr
E♭maj7
3fr
F
Oh.

Cm7
Find me some-bod-y to love.
Oh.
E♭maj7
F
D.S. al Coda
(take 2nd ending)
I need some-bod-y to love.
CODA
Cm
I need some-bod-y.
I just need some-bod-y to love.
I need some-bod-y; I,
E♭
F
1
I need some-bod-y.
I need some-bod-y; I,
I need some-bod-y.

2
Cm
3fr
I need some - bod - y to love.
E♭
3fr
F
Is she out there?
Is she out there?
Cm
3fr
E♭
3fr
Is she out there?
F
N.C.
I just need some - bod - y to love.

PURPOSE

Words and Music by JUSTIN BIEBER,
JASON BOYD, STEPHEN PHILIBIN,
EBEN WARES, JEREMY SNYDER
and SCOTT BRAUN

F
C
F/A
G/B
C
walk - in' my last steps.
F
C
Look at all of these tears I've wept.
F/A
G/B
C
F
C
Look at all the prom - is - es that I've
kept.
F/A
G/B
C
3
I put my
3

F
C
F/A
G/B
C
heart in - to your hands. Here's my soul to keep.
heart in - to your hands. Learn the les - sons you teach.
F
C
I let you in with all that I am. You're not
No mat - ter when, wher - ev - er I am, you're not
F/A
G/B
C
F
C
hard to reach. And you bless me with the best
hard to reach. And you've giv - en me the best
F/A
G/B
C
gift that I've ev - er known.
gift that I've ev - er known.
You give me

F
C
F/A
G/B
C
pur - pose.
Ev - er - y
day.
F
C
To Coda
Yeah, you've giv - en me pur - pose.
F/A
G/B
C
F
C
Think - in' my jour - ney's come to an
F/A
G/B
C
end.
Oh,
send - ing out a

F
C
F/A
G/B
C
fare - well to my friends, for in - ner peace.
Ask you to for - give me for my sins.
Oh, would you please?
I'm more than grate - ful for that time we spent.
My spir - it's at ease.
I put my
D.S. al Coda

CODA
F/A
G/B
C
F
C
In ev - 'ry way.
Oh.
3
You are my ev - er - y - thing.
Oh,
you are my ev - er - y - thing.

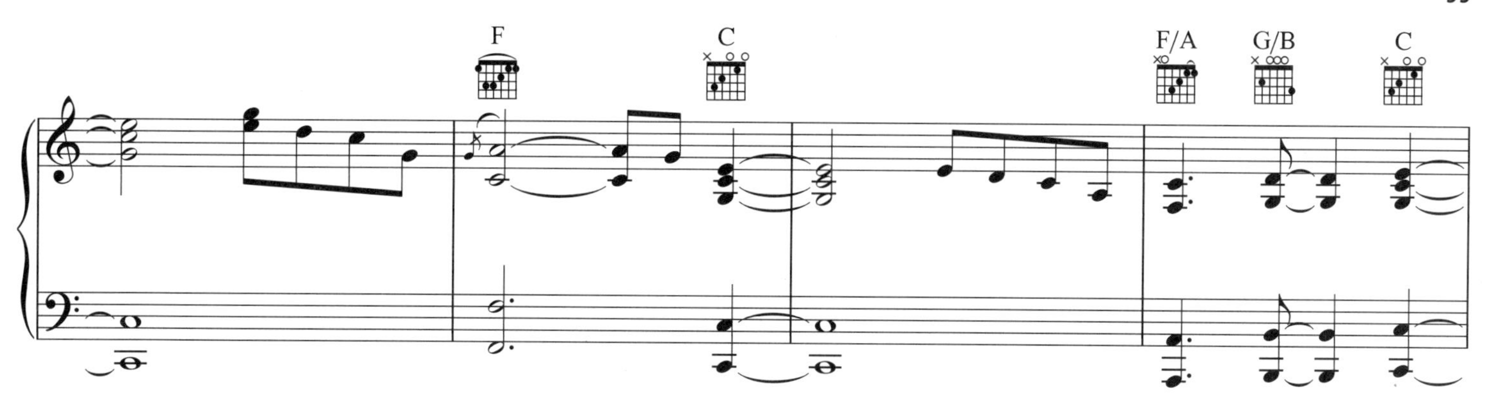

F
C
F/A
G/B
C

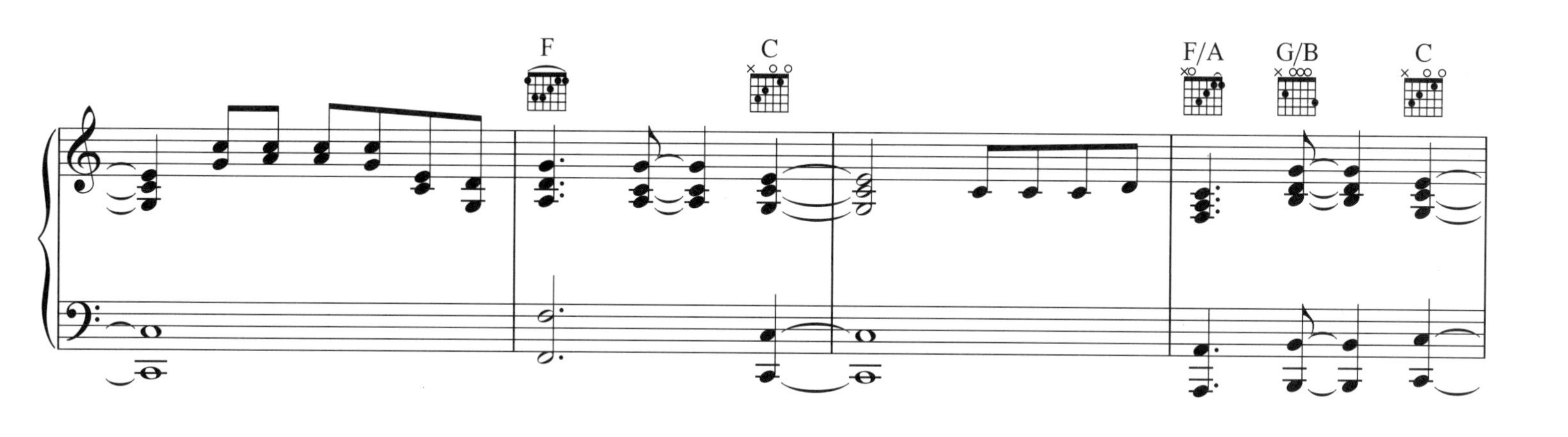

F
C
F/A
G/B
C

F
C
F/A
G/B
C

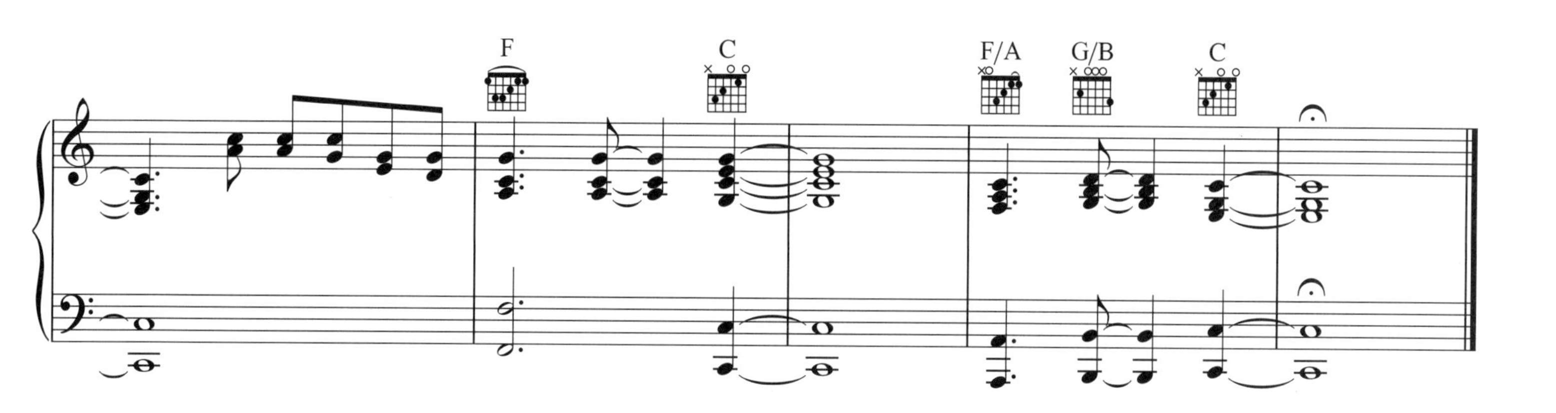

F
C
F/A
G/B
C

SORRY

Words and Music by JUSTIN BIEBER, SONNY MOORE, MICHAEL TUCKER, JULIA MICHAELS and JUSTIN TRANTER

B♭
A♭
4fr
pol - o - gies. I hope I don't run out of
Cm
3fr
B♭
time. Could some - one call the ref - er - ee? 'Cause I just
A♭
4fr
Cm
3fr
B♭
need one more shot at for - give - ness.
A♭
4fr
Cm
3fr
I know you know that I made those mis - takes may - be

B♭
A♭
once or twice, and by once or twice I mean
Cm
B♭
may - be a cou - ple a hun - dred times. So,
A♭
Cm
B♭
let me, oh, let me re - deem, oh, re - deem, oh, my - self to - night.
A♭
Cm
'Cause I just need one more shot at sec - ond chanc -

B♭
A♭(add9)
4fr
- es.
Is it too
Cm7
3fr
B♭
late now to say sor - ry?
'Cause I'm
A♭(add9)
4fr
Cm7
3fr
B♭
miss - in' more than just your bod - y.
A♭(add9)
4fr
Cm7
3fr
Oh, oh.
Is it too late now to say

B♭
Fm7
sor - ry? Yeah, I know, oh, that I
A♭
B♭
To Coda
let you down. Is it too late to say sor - ry now?
A♭
Cm
B♭
I'm sor - ry,
A♭
Cm
yeah.

B♭
A♭
4fr
Cm
3fr
Sor - ry,
B♭
Fm7
sor - ry. Yeah, I know, oh, that I
A♭
4fr
B♭
let you down. Is it too late to say sor - ry now?
A♭(add9)
4fr
Cm7
3fr
B♭

A♭
Cm
B♭
I'll take ev - 'ry sin - gle piece of the blame if you want me to.
A♭
Cm
But you know that there is no in - no - cent one in this
B♭
A♭
game for two. But I'll go, I'll go, and then
Cm
B♭
you go, you go out and spill the truth. Can we both

A♭
4fr
Cm
3fr
B♭
D.S. al Coda
say the words, say for - get this? Yeah,
CODA
I'm not just try'n' to get you back on me,
'cause I'm miss - in' more that just your
bod - y. Oh, oh. Is it too

Cm
3fr
B♭
late now to say sor - ry? Yeah, I know
Fm7
A♭
4fr
oh, that I let you down. Is it too late to say
B♭
A♭
4fr
Cm
3fr
B♭
sor - ry now? I'm sor - ry,
A♭
4fr
Cm
3fr
B♭
yeah. Sor - ry,

A♭
Cm
B♭
sor - ry.
Fm7
Yeah, I know, oh, that I let you down. Is
A♭
1
B♭
2
B♭
it too late to say sor - ry now? sor - ry now?
A♭(add9)
Cm7
B♭
A♭(add9)
Cm7
B♭

2U

Words and Music by JUSTIN BIEBER,
DAVID GUETTA, JASON BOYD,
GIORGIO TUINFORT and DANIEL TUPARIA

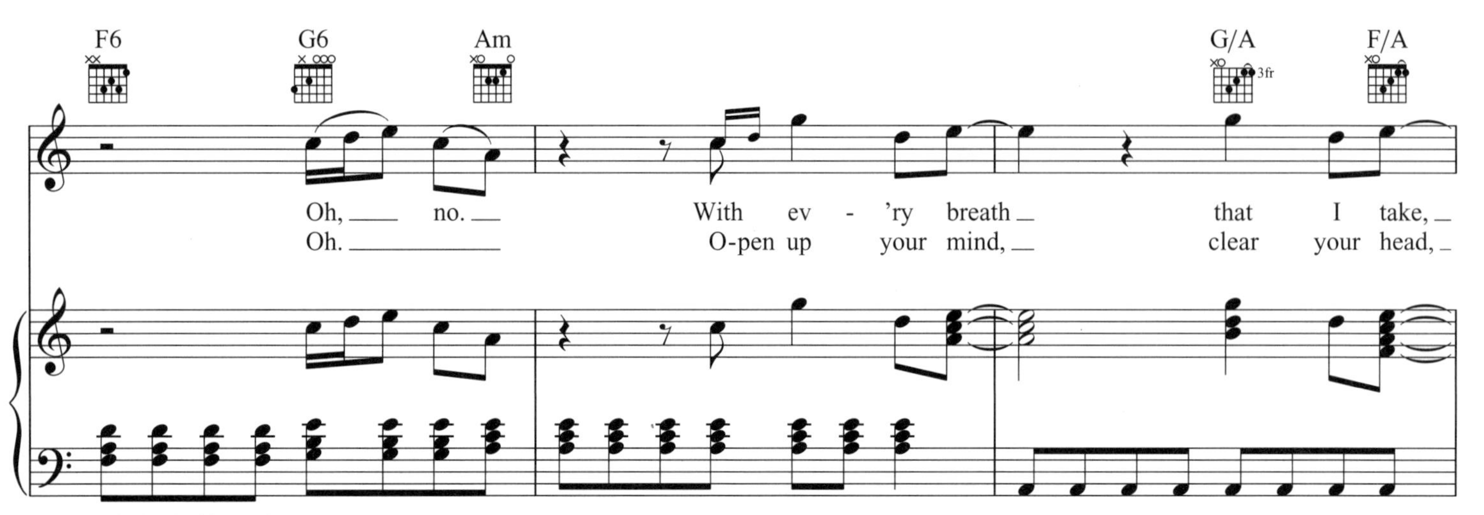

* Recorded a half step lower.

G/A
Am
3fr
I want you to share that air with me. There's no prom-
ain't got-ta wake up to an emp-ty bed. Share my life;
G
F
Dm
G
Am
ise that I won't keep. I'll climb a moun-tain; there's none too steep.
it's yours to keep, now that I give to you all of me.
C
G
F
When it comes to you,
Dm
G
Em
there's no crime. Let's take both of our

Am
Dm
F
G
souls _ and in - ter - twine. When it
C
G
F
Dm
comes to you, don't be
G
Em
Am
blind. Watch me speak from _ my heart when _ it
F/A
G/A
3fr
Am
F/A
G/A
3fr
To Coda
comes to you, comes to

Am
Am
G6
you.
F
G
Am
G
Am
Cmaj7
F
Want you to share that.
1
G
Am
N.C.
When it comes to you.

2
G
N.C.
Am
G
F
When it comes to you.
G
Am
N.C.
Want you to share that.
Am
Cmaj7
F
G
Am
D.S. al Coda
G
When it
CODA
Am
you.

U SMILE

Words and Music by JUSTIN BIEBER,
ARDEN ALTINO, JERRY DUPLESSIS
and DAN RIGO

E♭
3fr
D♭
A♭
4fr
foot, your world is my world, yeah. Ain't no
E♭
3fr
D♭
A♭
4fr
way you're ev - er gon' get an - y less than you should, 'cause, ba - by:
G♭
D♭/F
A♭
4fr
You smile, I smile. Oh, 'cause when - ev - er
G♭
D♭/F
A♭
4fr
you smile, I smile. Hey, hey, hey.

E♭
3fr
D♭
A♭
4fr
Your lips, my big - gest weak - ness, should - n't have let you
know. I'm al - ways gon - na do what they say. If you
need me, I'll come run - ning from a thou - sand miles a - way.
G♭
D♭/F
When you smile, I smile. Oh.

G♭
D♭/F
A♭
4fr
You smile, I smile, hey. Ba - by,
E♭
3fr
A♭
4fr
take my o - pen heart and all it of - fers 'cause this is as
E♭
3fr
A♭
4fr
un - con - di - tion - al as it will ev - er get. You ain't seen noth - ing yet,
E♭
3fr
A♭
4fr
I won't ev - er hes - i - tate to give you more 'cause ba - by...

G♭
D♭/F
A♭
4fr
You smile, I smile, oh.
You smile, I smile, hey, hey, hey.
You smile, I smile, I smile, I smile, I
smile. You smile, I smile. Make me smile, ba - by.
Ba - by,
To Coda

E♭
3fr
D♭
A♭
4fr
you won't ev - er want for noth - ing, you're my ends and my
means now, with you there's no in - be - tween, I'm all in. 'Cause my
cards are on the ta - ble and I'm will - ing and I'm a - ble, but I
fold to your wish 'cause it's my com - mand, hey, hey, hey.
D.S. al Coda

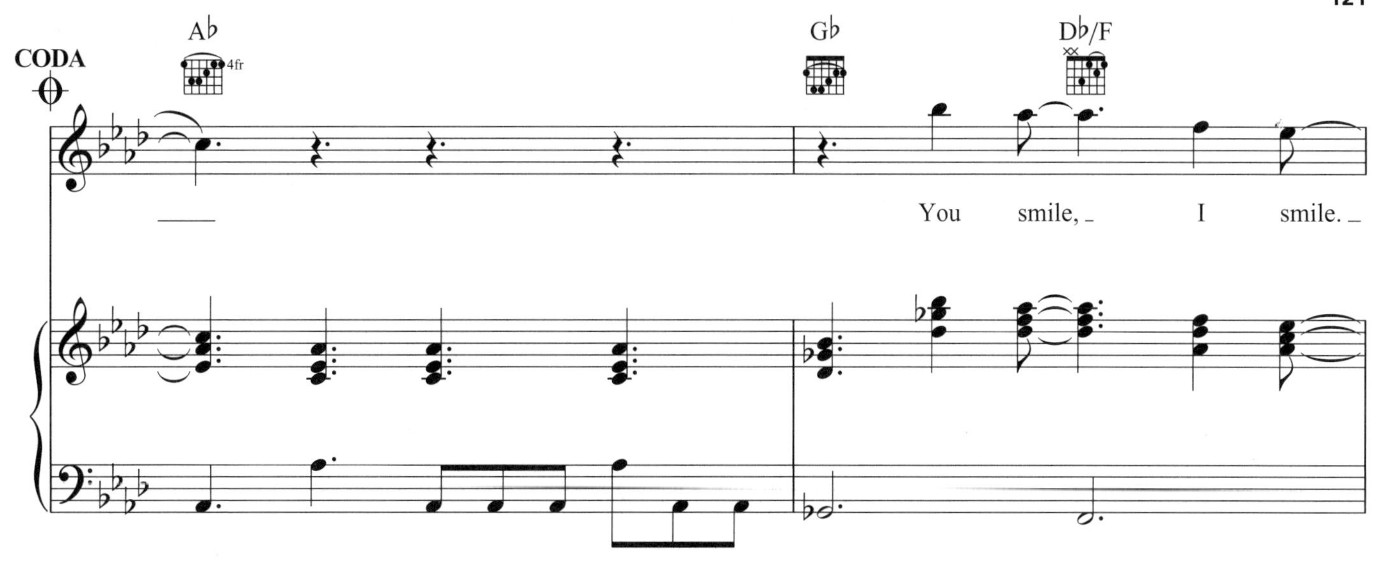
CODA
A♭
4fr
G♭
D♭/F
You smile, I smile.

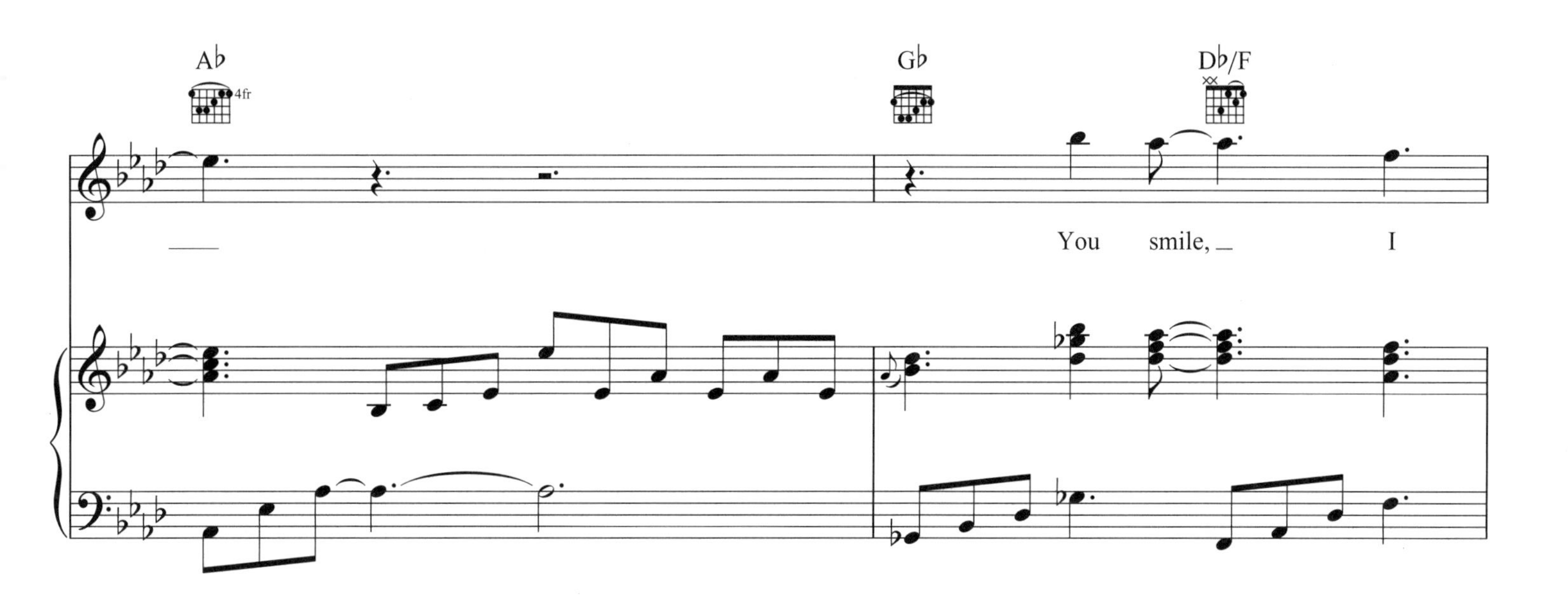
A♭
4fr
G♭
D♭/F
You smile, I

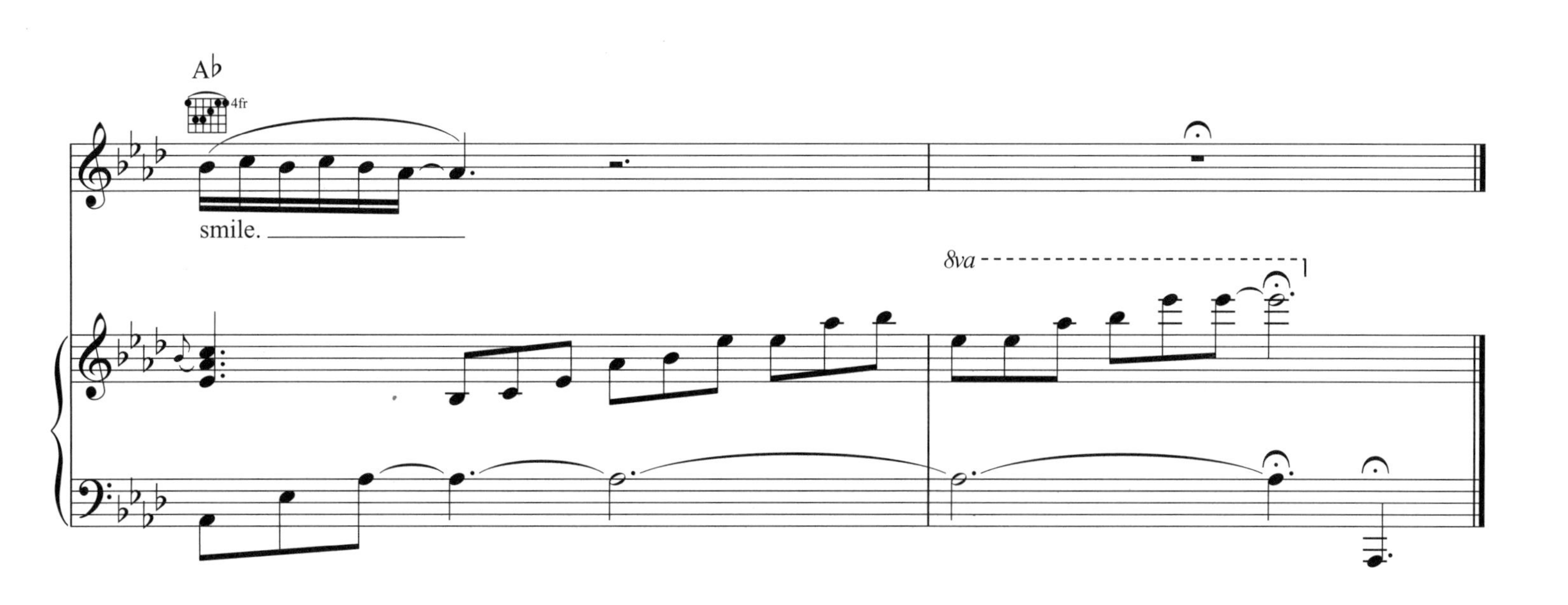
A♭
4fr
smile.
8va

WHAT DO YOU MEAN?

Words and Music by JUSTIN BIEBER,
JASON BOYD and MASON LEVY

D♭sus2
A♭5
Fm7
tell me to go? What do you mean?
Oh, what do you
E♭(add4)
D♭sus2
mean?
Said you're run - ning out of time; what do you
A♭5
Fm7
mean?
Oh, oh, oh, what do you
E♭(add4)
D♭sus2
mean?
Bet - ter make up your mind; what do you

D♭sus2
A♭5
Fm7
4fr
mean? You're so in - de - ci - sive what I'm say -
mean? You're o - ver - pro - tec - tive when I'm leav -
E♭sus
6fr
D♭sus2
- ing. Try'n' to catch the beat, make up your
- ing. Try'n' to com - pro - mise, but I can't
A♭5
Fm7
heart. Don't know if you're hap - py or com - plain -
win. You wan - na make a point, but you keep preach-
E♭sus
D♭sus2
- ing. Don't want for us to end. Where do I
- ing. You had me from the start; won't let this

A♭5
4fr
Fm7
start?
end.
First you wan - na go to the left, then you wan - na turn
E♭(add4)
D♭sus2
4fr
right; wan - na ar - gue all day, mak - in' love all
A♭5
4fr
Fm7
night. First you're up, then you're down and in - be -
E♭(add4)
D♭sus2
4fr
N.C.
- tween. Oh, I real - ly wan - na know, what do you

D♭sus2
A♭5
Fm7
mean, oh, oh, when you
E♭(add4)
D♭sus2
nod your head yes, but you wan - na say no? What do you
A♭5
Fm7
mean, hey, yeah, when you don't
To Coda
E♭(add4)
D♭sus2
want me to move, but you tell me to go? What do you

A♭5
Fm7
E♭sus
mean? Oh, what do you mean? Said you're
D♭sus2
run - ning out of time; what do you mean? Oh,
A♭5
Fm7
E♭sus
oh, oh, what do you mean? Bet - ter
1
D♭sus2
make up your mind; what do you
2
D♭sus2
D.S. al Coda
make up your mind; what do you

CODA
D♭sus2
4fr
A♭5
4fr
Fm7
tell me to go? What do you mean?
Oh, what do you
E♭(add4)
D♭sus2
4fr
mean?
Said you're run - ning out of time; what do you
A♭5
4fr
Fm7
E♭(add4)
mean?
Oh, oh, oh, what do you mean?
Bet-ter
D♭sus2
4fr
N.C.
make up your mind; what do you mean?